AF224541

I. BERTRAND

RÉPUBLICAINS ET PAYSANS

OPINIONS D'UN CONTRIBUABLE

SUR LES

RÉPUBLICAINS DE LA IIIᴱ RÉPUBLIQUE

PARIS

BLOUD ET BARRAL, LIBRAIRES-ÉDITEURS

4, rue de Madame, 4

1884

I. BERTRAND

RÉPUBLICAINS ET PAYSANS

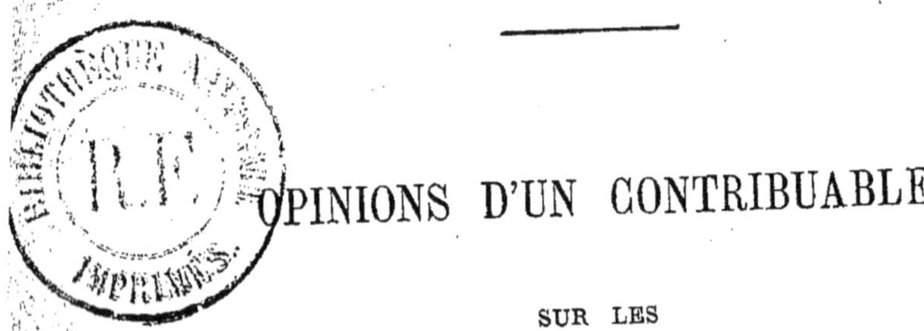

OPINIONS D'UN CONTRIBUABLE

SUR LES

RÉPUBLICAINS DE LA IIIᵉ RÉPUBLIQUE

PARIS

BLOUD ET BARRAL, LIBRAIRES-ÉDITEURS

4, rue de Madame, 4

1884

RÉPUBLICAINS ET PAYSANS

OPINIONS D'UN CONTRIBUABLE

SUR LES

RÉPUBLICAINS DE LA TROISIÈME RÉPUBLIQUE

I

Tout le monde se plaint, je ne dis pas de la politique républicaine, dont la plupart des méfaits sont ignorés du public, mais de l'état désespéré où les élus du peuple ont réduit l'agriculture, le commerce et l'industrie.

Les partisans de la République eux-mêmes prennent part à ce concert de lamentations, chaque fois qu'un intérêt personnel ne les oblige pas à garder le silence.

II

L'agriculture manque de bras.

Est-ce parce que le chiffre de la population a diminué depuis un demi-siècle ?

En aucune façon.

Tout compte fait, la France de 1884 possède un plus grand nombre d'habitants que celle de 1830.

Pourquoi donc, dans les trois quarts de nos départements, les fermes restent-elles en friche ?

Les politiciens auxquels nous avons confié nos intérêts évitent soigneusement de répondre à cette question.

Il leur en coûte d'avouer que les quelques *parias* qui consentent encore, faute de mieux, à conduire la charrue ou à manier le hoyau, travaillent le moins possible, tout en se montrant fort exigeants à l'endroit du salaire.

III

A quelle cause devons-nous attribuer le dégoût du villageois pour les travaux de la campagne ?

A la politique.

Ce que je dis là a peut-être l'air d'un paradoxe, et cependant rien n'est plus vrai.

Je ne parle pas de la politique en général, car il y a politique et politique, comme il y a fagot et fagot.

Je ne parle même pas de la politique républicaine, telle qu'on peut la concevoir en théorie, mais de la politique suivie par les républicains de contrebande qui se sont emparés du pouvoir, en 1870, au moyen de procédés que Bilboquet ne désavouerait pas.

Procédons avec ordre et raisonnons un peu.

IV

Arrivé à l'âge de vingt ans, le jeune homme dit adieu à la vie de famille pour se rendre sous les drapeaux.

Autrefois, les républicains déclamaient, avec une véhémence que l'on n'a pas oubliée, contre les armées permanentes.

On aurait pu croire qu'une fois maîtres du pays, ils n'hésiteraient pas à appliquer leurs principes.

Ils ont fait le contraire.

A l'exemple de Gribouille, qui se plongeait dans l'eau pour éviter la pluie, nos politiciens ont décidé que tout le monde serait soldat jusqu'à l'âge de quarante ans.

Nous n'avons plus rien à envier à la Prusse, le pays militaire par excellence.

Beaucoup de gens naïfs ont acclamé la République, espérant qu'elle nous débarrasserait de ce fléau qui a nom le militarisme.

Ils peuvent maintenant mesurer tout à leur aise la distance qu'il y a de la coupe aux lèvres, quand la coupe est tenue par des mains républicaines.

Les candidats de 1876, de 1877 et de 1881, faisant application au régime actuel d'un aphorisme de Napoléon III, nous ont répété sur tous les tons : « *La République, c'est la paix !* »

Or, depuis que nous avons la République *des républicains*, la France ne cesse de batailler.

Non contents de parodier l'Empire, en conservant, en l'exagérant même, le système des armées permanentes, les hommes du 4 septembre ont pris comme type de leurs expéditions la guerre du Mexique, contre laquelle ils dépensèrent jadis une effroyable quantité d'encre, et prononcèrent des milliers de discours moins éloquents que venimeux.

Certes, nous n'avons jamais admiré l'aventure mexicaine, mais elle nous paraît moins blâmable, depuis que la République a con sacré ses efforts et dépensé nos millions à conquérir les sables arides de la Tunisie et les marais pestilentiels du Tong-King.

Je ne parle pas de notre levée de boucliers contre les pagodes chinoises et les mandarins à trois queues, levée de boucliers stupide dont la Prusse seule a bénéficié.

Ce qui distingue, sous ce rapport, la République de l'Empire, c'est que l'Empire déclarait franchement la guerre aux peuples dont il cherchait à troubler le repos, tandis que la République affiche la prétention de vivre en paix avec les pays qu'elle bombarde, et dont elle s'annexe le territoire, appuyée sur ce principe d'une moralité douteuse :

« La raison du plus fort est toujours la meilleure. »

Tartufe a des admirateurs plus nombreux qu'on ne le croit dans les rangs de l'opportunisme.

Et maintenant, fermons cette parenthèse.

V

Une fois libérés, la plupart des jeunes gens ne reviennent plus au foyer paternel.

Se rengagent-ils ?

Nullement.

On sait qu'à peine revêtus de l'uniforme, ils soupirent après le jour où ils pourront le quitter.

Quelle carrière embrassent-ils donc ?

Ils se fixent dans les villes, où ils espèrent trouver un bien-être et des jouissances que la vie des champs n'offre pas d'ordinaire.

Le gouvernement ne fait rien pour les rendre à l'agriculture. Il s'attache, au contraire, on le croirait du moins, à les retenir dans les centres populeux, en les y employant à des travaux aussi dispendieux qu'inutiles.

Ces coûteuses folies, que les contribuables sont obligés de payer à beaux deniers comptants, achèvent de ruiner le cultivateur.

On pourrait, il est vrai, couper le mal dans sa racine, en mettant un terme à cette débauche de maçonnerie et de terrassements.

Mais la République n'ose pas le tenter.

Une mesure de ce genre indisposerait contre ses candidats de prédilection les masses ouvrières qui les élisent.

Comme le Juif-Errant, elle est condamnée à marcher sans cesse.

Un chantier n'est pas fermé, qu'on lui signifie d'en ouvrir un autre.

Si elle s'y refusait, la multitude hurlante qui s'agite sur le pavé des grandes villes se fâcherait, et le député ministériel passerait à l'opposition, afin de ne pas se brouiller avec ses électeurs.

Le peuple est un souverain qui prend son rôle au sérieux.

Il n'entend pas qu'on assimile sa couronne à celle du roi d'Yvetot, que *Jeanneton coiffait*, dit-on, *d'un simple bonnet de coton*. Il faut que ses mandataires, députés, sénateurs et ministres, lui obéissent promptement, et surtout sans raisonner.

On multipliera donc les terrassements, on couvrira le sol français d'une foule d'édifices dont le besoin ne se faisait nullement sentir, on ouvrira un peu partout des lignes de chemin de fer qui resteront veuves de voyageurs et de marchandises, au grand désespoir des actionnaires, et le dépeuplement des campagnes ira s'aggravant d'une façon désespérante.

VI

Il est une autre cause d'émigration que je tiens à signaler.

Je veux parler de la rage avec laquelle on recherche les emplois administratifs.

Le besoin d'émarger au budget est passé, en France, à l'état de maladie endémique.

On trouve cela plus commode que de cultiver l'héritage paternel.

Cette fièvre date de loin, mais elle n'a pris un caractère alarmant que depuis la troisième République.

Les candidats à la députation ne jouissent pas toujours d'une bien grande estime dans les circonscriptions où ils se présentent.

Mais ils supposent que l'appui du gouvernement suppléera, dans une large mesure, à ce qui leur manque du côté de la considération.

Ils sollicitent donc le patronage officiel.

La plupart des ministres sont peu méticuleux, et pour cause, en matière d'honneur.

Au surplus, comme chacun d'eux éprouve le besoin de conserver le plus longtemps possible le portefeuille qu'il a pêché en eau trouble, sous les auspices de la Chambre et du bonhomme Grévy, nos Excellences d'occasion s'empressent d'accueillir le nouveau venu, qui promet, en échange des faveurs administratives, de voter, avec la docilité d'un nègre et la fidélité d'un caniche, les ordres du jour qu'on lui soufflera à l'oreille.

Le choix ministériel est à peine connu, que les fonctionnaires de tout ordre se mettent en campagne.

Préfets, sous-préfets, commissaires et agents de police, gardes-champêtres, gardes forestiers, agents-voyers, cantonniers, percepteurs, juges de paix, maires, adjoints, employés des postes, procureurs, substituts et gendarmes, tout le monde est sur pied.

Il faut que l'ami du ministère triomphe, quelles que soient d'ailleurs les tares de sa vie.

Le candidat, de son côté, s'en va, la bouche en cœur et les mains pleines de..... promesses, relancer jusque dans leurs maisons les électeurs influents.

Enfin, les déclassés de la circonscription, qui espèrent tirer profit de la campagne électorale, si le protégé du gouvernement triomphe, se jettent dans la mêlée.

Les fonds secrets sont mis à sec.

Ils racontent à qui veut les entendre que le candidat ministériel peut tout en faveur de ses partisans.

Lui-même n'hésite pas à l'affirmer.

Il est au mieux avec ceux qui disposent du budget de l'Etat, un budget de quatre milliards, le plus formidable que l'on ait jamais vu !

Les coureurs de sinécures n'ont qu'à demander pour être servis. S'il n'y a pas de places vacantes, on en créera de nouvelles, ou l'on mettra à pied les fonctionnaires suspects.

Le petit bourgeois, le modeste cultivateur ont, celui-ci, une fille à caser, celui-là, un fils de dix-huit ans à faire entrer dans une administration.

Le candidat officiel se charge sans sourciller de l'avenir des deux adolescents.

Les mêmes demandes et les mêmes promesses se renouvellent, presque sans variantes, dans toutes les communes du département, si bien que l'on voit paraître ici et là une foule de courtiers électoraux d'autant plus zélés, que leurs intérêts se confondent avec ceux du candidat.

Ils prennent sans hésiter tous les engagements que l'on exige d'eux.

Ils promettent à celui-ci de faire laïciser les écoles de son village ; à celui-là d'obtenir le déplacement de l'instituteur ou de l'institutrice qui lui déplait. A cet autre, que la seule vue de son curé horripile, ils parlent avec emphase de la haine de leur client pour la gent cléricale. Soyez sans inquiétude, ajoutent-ils, l'homme noir sera réduit à merci. On supprimera, au besoin, le traitement qu'il reçoit.

Ils font miroiter aux yeux d'un quatrième la place de scribe, pour l'aîné de ses enfants, dans les bureaux de la sous-préfecture.

Un cinquième recevra, comme prix de son dévouement, la plaque de garde-champêtre, qu'il brigue depuis longtemps déjà sans pouvoir l'obtenir.

On ne se demande plus si le gredin qui veut être député a droit à la confiance des honnêtes gens.

Question de détail dont le suffrage universel n'a pas à s'occuper. Tout candidat qui sort victorieux de l'urne est par cela même purifié de ses souillures.

Ses partisans les plus zélés ne voudraient pas, le cas échéant, le charger de leurs affaires, mais ils le chargent sans arrière-pensée des affaires du pays.

On a affirmé, preuves en main, que le futur législateur est d'une probité douteuse.

Ancien agent de change en rupture de corbeille, il doit à l'intervention désintéressée de ses collègues et à l'indulgence du parquet de ne pas fabriquer des chaussons de lisière.

Le fait est sans importance !

Les électeurs lui confieront le soin de fabriquer des lois.

Ailleurs, on sait que le candidat officiel est un avocat dépourvu de talent, un médicastre que l'administration des pompes funèbres honore de sa confiance, un avoué sans probité, qui n'eut jamais d'autre préoccupation que d'exploiter ses clients, etc., etc.

Bagatelles que tout cela !

Aux urnes, citoyens ! Aux urnes ! Votez comme un seul homme pour les fruits secs de la basoche, pour les vidés de la science médicale, pour les écumeurs de la finance, pour les buveurs de pots-de-vin, pour les tripoteurs d'affaires, pour les chevaliers du grattoir, pour les déclassés de tout genre, pour les excommuniés et les maudits !

Votez ! la logique le veut.

Ne savez-vous pas que lorsque la France politique est en ébullition, l'écume monte à la surface et s'impose à l'attention de la foule ahurie?

VII

Le gouvernement a recours à d'autres manœuvres encore pour assurer l'élection de ses protégés.

Un beau jour, à la veille du scrutin généralement, le journal subventionné de la sous-préfecture annonce, en caractères d'affiche, que le ministre de l'intérieur, des cultes, ou des travaux publics, vient d'accorder à la commune de X....., sur la demande de l'honorable M. Z....., candidat à la députation, un somme de 10 ou 15 mille francs, pour la reconstruction d'un pont, la rectification d'une route ou la restauration d'un édifice religieux, oui, d'un édifice religieux !

Il faut que vous le sachiez, bons électeurs, ce gouvernement d'athées, ces expulseurs de congrégations religieuses, ces crocheteurs de monastères, ces partisans à tous crins de la vie sans Dieu et des enterrements sans prêtres, n'hésitent jamais à accorder une subvention aux églises, quand cette subvention doit avoir pour résultat de réconcilier les électeurs catholiques avec les candidats ministériels.

« Tartufe vit toujours !

« Il a changé d'habit. »

Il a tantôt la tête éplorée de Tirard, tantôt le nez de Jules Ferry, tantôt la figure émaillée de Waldeck-Rousseau, tantôt le ventre de Fallières, et tantôt les yeux de chat du citoyen Méline.

Mais, quel que soit son masque, Tartufe ne cesse point d'être Tartufe.

Entre un Tartufe *clérical*, tel que nous le dépeignent les scribes inventifs de la libre-pensée, et un Tartufe républicain, — et Dieu sait si la République en fourmille ! — il n'y a d'autre différence que la coupe de l'habit.

VIII

Le soir des élections, le candidat du ministère triomphe, laissant derrière lui son concurrent, un homme qui eût fait honneur au pays, par l'étendue de ses connaissances, par son talent de parole et sa haute probité.

Cependant le quart d'heure de Rabelais arrive pour le drôle que le suffrage universel a investi du mandat de député.

Il a fait à qui l'a voulu, ét sans se préoccuper du lendemain, les promesses les plus séduisantes.

Et comme il les a faites d'un cœur léger, il les oublie de même.

Malheureusement pour lui, les intéressés en ont pris bonne note, et à peine a-t-il choisi sa stalle parmi les ruminants du centre, que des lettres de rappel lui arrivent de toutes parts.

Pendant un mois ou deux, ses courtiers électoraux se contenteront de l'eau bénite de cour opportuniste dont il les aspergera.

Mais ils ne tarderont pas à se demander s'il est aussi puissant qu'on se plaisait à le dire, et, en fin de compte, ils le mettront en demeure de tenir ses engagements.

La correspondance est devenue comminatoire, d'aigre qu'elle était.

Alors commence pour notre homme une ère d'interminables tribulations. On ne voit plus que lui dans les bureaux et les antichambres des ministères, à la porte desquels on ferait bien de placarder cet écriteau d'origine démocratique : *Défense de mendier*.

Il prie, il supplie, le plus souvent sans résultat. A son tour, il est bercé de promesses dont il connait la valeur, en ayant usé et abusé lui-même lorsqu'il était candidat.

Il ne laisse pas, néanmoins, que d'espérer.

Le jour où l'opposition interpellera le ministère, il reviendra à la charge, son bulletin de vote à la main, et le ministère, qui tient à conserver le pouvoir, à cause des bénéfices qu'il en retire, accordera au solliciteur une partie au moins de ce qu'il demande.

Cette manœuvre s'est renouvelée si souvent, depuis quelques années; les fonctionnaires de la République se sont multipliés dans de telles proportions, que la bureaucratie nous coûte, à l'heure où j'écris ces lignes, CENT MILLIONS de plus que sous l'Empire.

Le moment viendra, plus tôt qu'on ne le pense, où la moitié de la population se composera de fonctionnaires et d'employés, que l'autre moitié sera tenue de nourrir.

Notre siècle, grâce à la République des républicains, s'appellera, dans l'histoire, le siècle des parasites.

IX

Après avoir dépeuplé nos campagnes, le gouvernement s'arrange de façon à faire mourir de faim ceux qui s'obstinent encore à cultiver leurs champs.

Le libre-échange est une lubie démocratique.

« Tous les peuples sont frères. »

Nos lecteurs connaissent ce refrain de la secte qui incendia Paris et fusilla les otages.

Journalistes et orateurs de clubs le modulent sur des airs variés. On le fait suivre, malheureusement, de cette autre ritournelle, un peu moins sentimentale :

« Qu'un sang impur abreuve nos sillons! »

Jules Ferry a fredonné plus d'une fois *nos hymnes patriotiques*, et le saule-pleureur qui veille sur le budget républicain se plaît à les répéter, en secouant sa chevelure de poète incompris.

En attendant que les monarchies dont la France est environnée disparaissent pour toujours et que les Etats-Unis d'Europe viennent les remplacer, supprimons les barrières fiscales qui nous séparent de nos voisins.

Permettons aux Allemands, aux Italiens, aux Autrichiens, aux Anglais, aux Belges, à toutes les nations, en un mot, sans en excepter les Américains et les Russes, d'introduire chez nous, en franchise ou à peu près, leurs produits manufacturés et autres.

On conservera les douanes, pour la forme seulement.

Je me trompe, les douaniers continueront à mettre l'embargo sur les cigares étrangers.

Pourquoi cette exception ?

Parce que le gouvernement s'est réservé l'exploitation du tabac.

La libre concurrence est bonne pour les marchands de cotonnade, les fabricants de soieries et les agriculteurs. L'Etat n'est ni cotonnier, ni tisseur, ni agronome.

Mais le jour où il s'aviserait de cultiver le blé, ou de vendre des soieries, les douaniers auraient autre chose à surveiller que la contrebande des queues de rat.

On parle à chaque instant de libre concurrence.

C'est là un de ces grands mots à la faveur desquels on nous fait accepter les mesures les plus ineptes.

Les politiciens de la démocratie ne cessaient de répéter : Le jour où nos produits pourront entrer chez nos voisins sans payer les droits exorbitants qui en entravent la vente, la fortune du pays décuplera.

Et les naïfs ont cru qu'il en serait ainsi.

En préconisant la doctrine du libre-échange, ni députés, ni sénateurs ne se sont préoccupés une seule minute des intérêts français.

Ils ont voulu, avant tout, se maintenir au pouvoir.

Comme ils savent que l'ouvrier parisien est plus à craindre que le cultivateur, ils se sont dit : « Efforçons-nous, avant tout, de satisfaire les hommes du pavé. »

Nous ferons taire le bourgeois, si le bourgeois regimbe, en ameutant contre le capital la lie des réunions publiques et les agents provocateurs de la presse radicale.

« Quant aux AVEUGLES POPULATIONS DES CAMPAGNES », comme les appelait Jules Favre, nous n'avons pas à les redouter.

Elles n'ont jamais fait la moindre révolution.

Dans le cas, peu probable, où elles se plaindraient, nous réussirions à calmer leur mauvaise humeur en attribuant à d'autres, aux curés, par exemple, la cause de leurs souffrances.

Poursuivant le cours de leur monologue, les étranges démocrates pour lesquels ont voté jusqu'ici les électeurs *ruraux*, — autre épithète dédaigneuse inventée par les républicains, — se sont encore dit :

« L'ouvrier de Paris, de Lyon, de Marseille, de Rouen, etc., cet ouvrier qui a coutume de manifester sa mauvaise humeur en élevant des barricades, ne nous troublera pas dans la paisible exploitation du pays par la République, si nous lui donnons le moyen de vivre à peu de frais.

« Or, nous atteindrons ce but en permettant à l'étranger de nous inonder de ses produits. »

En vérité, je vous le dis, les aventuriers dont vous avez fait des députés et des sénateurs, qui vous traitent impudemment d'*imbéciles* et de *ruraux*, ne se sont jamais inquiétés de l'agriculture.

Cela est tellement vrai que, dans la Dordogne, la majorité républicaine du conseil général, pressée par l'opposition, a émis le vœu que notre *industrie soit protégée par des tarifs suffisamment compensateurs*, A L'EXCEPTION DU BLÉ !!! toutefois.

Avez-vous compris, habitants des campagnes ?

Ils ne veulent pas que le blé soit protégé !

Dernièrement, les agriculteurs du département de l'Aisne se sont présentés à Jules Ferry et à l'avocat Méline, que le Vosgien a déguisé en ministre de l'agriculture.

Ils avaient à leur tête M. de Saint-Vallier, sénateur et grand propriétaire.

Menacés d'une ruine complète, ils prièrent le gouvernement, représenté par les Excellences en question, de leur venir en aide, au moyen d'une surtaxe sur les blés étrangers qui entreraient en France.

Savez-vous quelle a été la réponse des deux robins qui président, l'un, à nos relations extérieures, et l'autre, à nos intérêts agricoles ?

Méline, le melliflue, le suave Méline a dit à ses interlocuteurs ébahis :

« Si vous vous ruinez en cultivant le blé, ne le cultivez plus. Faites des prairies et élevez des bestiaux. »

L'ineffable Méline, dont la vie s'est passée à cultiver des dossiers et à exploiter des plaideurs, s'imagine probablement que l'on établit des prairies avec la même facilité qu'un avocat républicain tond les clients qui s'adressent à lui.

Mais il n'y a de prairies possibles, ô Méline, que dans les pays qui peuvent être arrosés.

Or, il faut que vous le sachiez, on n'a pas encore trouvé le moyen d'arroser sans eau.

Connaissez-vous le département de l'Aisne, citoyen ministre ?

Si oui, vous confesserez avec moi que, quoique traversé par de nombreux cours d'eau, l'irrigation n'en est point facile.

Ferry, s'apercevant que les conseils saugrenus de son subordonné produisaient une impression déplorable sur l'esprit des visiteurs, se hâta d'ajouter :

« Nous n'établirons pas de droit compensateur, mais nous ferons voter un projet de loi sur le *crédit agricole*. »

Ce qui signifie, ou à peu près :

« Les établissements financiers ne manquent pas en France. Vous en savez quelque chose si, comme il est permis de le supposer, il y en a parmi vous qui aient vu, depuis deux ou trois ans, leurs épargnes filer en Belgique, aux Etats-Unis ou ailleurs, dans les poches d'un lanceur d'affaires.

« Eh bien, à la rentrée des Chambres, nous créerons un nouvel établissement de ce genre.

« Un membre de ma famille en sera nommé directeur, ce qui lui permettra d'acheter un immeuble de 600.000 francs, ainsi que vient de le faire Charles Ferry, mon frère cadet, un garçon aussi économe qu'intelligent. C'est en administrant la Banque franco-tunisienne qu'il a gagné ce joli denier.

« L'établissement en question empruntera de l'argent aux gogos, et en prêtera, sur première hypothèque, aux agriculteurs qui tiennent à se ruiner. »

Consolez-vous, habitants des campagnes. Vos terres ne produiront que ce qu'elles produisent en ce moment. Vous vendrez à perte vos blés, vos seigles, vos avoines et vos légumes, tandis que les charges qui pèsent sur vous s'aggraveront chaque jour davantage. La guerre du Tong-King, il est bon que vous le sachiez, n'est pas plus gratuite qu'elle n'était obligatoire.

Vous parlerai-je des édifices scolaires que l'on élève de toutes parts, sans se préoccuper de ce qu'ils coûteront, comme si la fortune de la France était inépuisable ?

Les Conseils généraux ne négligent rien, de leur côté, pour compromettre notre situation financière.

On sait avec quel entrain villes et départements multiplient les emprunts.

Les communes rurales elles-mêmes éprouvent le besoin de contracter des dettes.

Etonnez-vous, après cela, que les étrangers nous inondent de leurs produits !

La Californie, l'Amérique et les Indes nous ont vendu, en 1883, 14 millions d'hectolitres de blé.

Vous ignorez peut-être quel est, dans ces divers pays, le prix de revient de l'hectolitre ?

Il est de 2 francs soixante centimes, au *maximum !*

Ajoutons à ce chiffre les frais de transport.

Les mille kilos de blé coûtent 25 fr. de Calcutta à Marseille.

Soupçonniez-vous qu'un agriculteur, soit indien, soit américain, pût nous vendre du blé à raison de 5 francs l'hectolitre, rendu en France, sans bénéfice, il est vrai, mais sans perte également ?

Cela étant, peinez et suez.

La concurrence vous est rendue facile par les républicains, qui font du libre-échange la base de leurs doctrines économiques.

Vous trouvez peut-être que MM. les députés ne connaissent pas le premier mot de la question agricole.

A qui la faute, s'il vous plaît ?

N'est-ce pas vous qui les avez nommés ?

Si au lieu de choisir, pour défendre vos intérêts, les nullités du barreau et les bohèmes du corps médical, vous aviez porté vos vues sur des propriétaires, des négociants, des manufacturiers, sur des hommes, enfin, dont le passé était à lui seul la meilleure des garanties, vous n'auriez pas à vous lamenter sur la crise économique dont nous souffrons en ce moment.

Certes, médecins, avocats, pharmaciens et hommes de lettres peuvent faire honneur, et même grand honneur à une assemblée politique, mais à condition que l'on ne prendra pas les premiers venus.

Il y a là comme ailleurs, peut-être plus qu'ailleurs, des intelligences d'élite ; mais encore faut-il ne pas leur préférer des médecins sans clientèle, des avocats sans cause, des pharmaciens en rupture de bocaux et des financiers véreux.

Les gens de cet acabit s'occupent avant tout de leurs propres affaires.

Les 9.000 francs d'indemnité qu'ils reçoivent ne pouvant suffire à leurs besoins, ils cherchent à augmenter leurs ressources, les uns en trafiquant de leur mandat, les autres en se faisant nommer administrateurs de sociétés financières qui finissent régulièrement en police correctionnelle.

Les aventuriers du genre de ceux qui ont eu jusqu'ici vos préférences vivent du paysan, mais ne l'aident pas à vivre.

Ils professent même pour lui un superbe dédain.

A l'approche des élections ils l'accablent de flatteries. Aucune humiliation ne leur coûte.

Quiconque ne les a pas vus en quête de suffrages ignore jusqu'où peut aller la flexibilité d'une épine dorsale.

Le lendemain du vote, l'élu reprend ses allures hautaines et parle volontiers, comme feu Jules Favre, des *aveugles populations des campagnes*.

X

Le contribuable français est l'homme le plus exploité qu'il y ait au monde.

Les Américains paient par tête 35 francs d'impôt, les Allemands 50, les Anglais 70, et les Français 132 !

CENT TRENTE-DEUX FRANCS !!! par tête, sans en excepter les femmes et les enfants.

Cultivateurs, faites-moi le plaisir de retenir ce chiffre.

Notre budget, le budget de l'Etat seulement, est à la veille d'atteindre *quatre milliards !* Quatre milliards que l'agriculture, le commerce et l'industrie sont obligés de prélever sur leur travail.

Quant aux centimes additionnels, les municipalités en sont prodigues, au point que le ministre de l'Intérieur lui-même en est épouvanté.

A l'impôt foncier et aux centimes additionnels viennent s'ajouter : l'impôt des portes et fenêtres, l'impôt sur les voitures, l'impôt sur les chevaux, l'impôt sur le vin, l'impôt sur les alcools, l'impôt sur les billards, l'impôt sur le tabac, l'impôt sur les chiens.

L'octroi, se mettant de la partie, prélève, à son tour, des droits exorbitants sur les objets de première nécessité qui entrent dans les villes.

L'impôt qui frappe les chevaux de luxe a droit à une mention toute particulière.

Si un cheval change dix fois de maître, dans le courant d'une année, le fisc exige dix fois l'impôt.

C'est à faire supposer qu'on a transporté le ministère des finances dans la forêt de Bondy, et qu'un chef de brigands, nommé Tirard, y attend les voyageurs, l'escopette au poing.

N'oublions pas l'enregistrement.

On sait que cet impôt diminue d'un dixième la valeur vénale des immeubles.

Pour une propriété vendue cent mille francs, l'Etat prélève.... *dix mille francs!*

Qu'on vienne, après cela, nous parler de la dîme !

Rappelons aussi les droits de succession. Ils sont tout à la fois excessifs et odieux.

J'ajoute que le mode d'estimation adopté par l'Etat, pour déterminer le chiffre de ces deux impôts, est de la plus révoltante iniquité.

Il me suffira d'un seul exemple pour en donner la preuve.

Vous vendez, je suppose, 80.000 francs une propriété grevée de 60.000 francs d'hypothèques.

Le cas n'est point chimérique.

En empruntant cette somme, vous avez payé des droits relativement considérables, car, il est bon que vous le sachiez, vous ne pouvez pas vous endetter sans que l'Etat, sous le fallacieux prétexte d'inscription hypothécaire, vous oblige à lui payer un impôt.

Mais il a prévu que vous serez contraint de vendre un immeuble ainsi grevé.

Vous vendez, en effet.

Eh bien, votre acquéreur paie l'enregistrement, non seulement de l'actif, qui est de 20.000 francs, mais aussi du passif, qui est de 60.000 francs, et pour lequel vous avez payé vous-même une somme importante.

Supposons maintenant que la mort vienne vous surprendre avant que vous n'ayez vendu.

L'actif de votre succession sera de 20.000 francs et le passif de 60.000 francs.

Les droits que vos héritiers auront à payer porteront tout à la fois sur l'actif et sur le passif, sur les 20.000 francs qu'ils recevront et sur les 60.000 francs qu'ils auront à débourser, ce qui équivaut à frapper d'une amende celui qui paie ses dettes.

Le fisc est cruellement ingénieux, quand il s'agit de dépouiller le contribuable.

Il rendrait des points à Harpagon lui-même.

Je ne parle pas de l'impôt sur le papier, de l'impôt sur les allumettes, de l'impôt sur le sel, de l'impôt sur le sucre, des journées de prestations, connues autrefois sous le nom de corvée, etc., etc.

Il a été question d'imposer les pianos, les vieux garçons et les chapeaux à haute forme. Tôt ou tard on en viendra là.

Ne faut-il pas que nous payions les fantaisies guerrières du pépitier Ferry ?

Chaque coup de canon que tire notre flotte à Madagascar, au Tong-King ou en Chine, creuse un peu plus le gouffre béant du déficit.

Qu'importe, si, en se saignant aux quatre veines, les contribuables arrivent à le combler ?

Ils se consoleront de leurs sacrifices, quelque pénibles qu'ils puissent être, en pensant qu'ils ont fait la fortune des Ferry et autres farceurs officiels de la troisième République.

Bénissez Dieu, ô contribuables !

Vos mandataires, hier encore coudes-percés, sont millionnaires aujourd'hui.

Il manquera, dit-on, à M. Tirard, pour faire joindre les deux bouts, deux ou trois cents millions.

Un rien, ou peu s'en faut.

Les feuilles opportunistes elles-mêmes nous donnent ces chiffres comme certains.

Or, elles ne sont pas intéressées à exagérer les choses.

Deux ou trois cents millions ! On payera ça au moyen d'un emprunt.

La France est assez riche pour prêter cette somme au gouvernement de son choix.

Oui, sans doute.

Seulement, le ministère Ferry se propose d'émettre pour un milliard d'obligations.

Un milliard d'obligations ! Pourquoi un milliard, quand trois cents millions suffisent ?

Ah ! voici :

Les élections générales doivent se faire en 1885.

Or, cette opération, légalement obligatoire, n'est pas tout à fait gratuite, pour les gouvernements qui se font un instrument de règne de la candidature officielle, alors surtout que les candidats de leur choix tirent le diable par la queue.

— Avez-vous compris ?

— Pas tout à fait, mais de peu s'en faut.

— Très bien. Je vais entrer dans quelques détails, et la lumière se fera aussi complète que possible.

Sur le milliard que les capitalistes prêteront à la République, le ministère prélèvera 250 millions pour payer ses dettes criardes ; 300 millions seront consacrés à rendre populaires les candidats officiels ; et les 450 millions restants seront mis en réserve, pour mener à bonne fin les expéditions commencées ou en entreprendre de nouvelles.

Les nègres de la majorité voteront ce que leur fera voter Jules Ferry.

Ils savent que le Tonkinois n'accorderait pas son patronage à ceux d'entre eux qui s'aviseraient de le blâmer.

Or, ils ont assez conscience de leur peu de valeur pour supposer que le corps électoral, livré à lui-même, refuserait *mordicus* de les envoyer de nouveau au Palais-Bourbon.

XI

Un négociant dont les frais généraux sont de deux cent mille francs, et qui fait pour deux millions d'affaires, ne peut pas lutter avec un concurrent qui n'a que cinquante mille francs de frais, et qui vend des marchandises pour le même chiffre qué lui.

Cela saute aux yeux.

Or, les Etats sont soumis aux mêmes lois économiques que les simples particuliers.

Il est donc naturel que la France, qui est obérée au delà de toute mesure, ne puisse pas lutter avec les puissances étrangères, dont les charges sont la moitié moins lourdes que les siennes.

Dans ces conditions, le libre-échange est une duperie. La Chambre et le Sénat auraient dû nous l'épargner.

Pouvons-nous espérer que l'Assemblée de 1885 réparera le mal que nous a fait sa devancière ?

Sans doute, si nous avons assez d'énergie pour renvoyer à leurs chères études les incapables dont se compose la majorité.

Pousser l'expérience plus loin serait folie.

Les députés républicains ont donné leur mesure.

Aucun d'eux n'a su tenir les promesses dont lui et son parti nous avaient leurrés.

Vous n'avez pas oublié les espérances trompeuses que ces Mangins politiques faisaient miroiter à nos yeux.

Ils nous parlaient de fraternité et de concorde, et ils n'ont su que fomenter la haine parmi les citoyens.

Il avaient sans cesse à la bouche les mots de liberté et de tolérance, et à peine arrivés au pouvoir, ils ont expulsé les religieux, introduit l'athéisme dans les écoles, foulé aux pieds le droit de propriété, comme si ce droit était subordonné au costume que l'on porte, et dit aux pères de familles : Vos enfants appartiennent à l'Etat. Il vous convenait d'en faire des chrétiens, nous en ferons des ennemis de l'Eglise.

Ils promettaient à l'agriculture une ère de prospérité, et jamais, à aucune époque de notre histoire, l'agriculture ne fut aussi malheureuse.

Ils répétaient à l'ouvrier : Désormais, tu seras libre. Le patron n'aura plus une situation prépondérante. La nature t'a donné les mêmes droits qu'à lui. De quoi lui servirait son capital, si tu n'étais point là pour le faire valoir ?

Et l'ouvrier, séduit par ce langage menteur, leur a donné sa confiance. Or, l'ouvrier meurt littéralement de faim dans la plupart de nos centres industriels.

Ils déclamaient contre les prodigalités des pouvoirs déchus, et le gaspillage est devenu leur règle de conduite.

On croirait qu'ils ont fait vœu de ruiner le pays.

A les entendre, la bureaucratie devait être réduite à sa plus simple expression. A quoi bon cette foule d'employés dont la plupart n'avaient rien à faire ? La République, nous disaient-ils, supprimera le parasitisme. La République est venue, et les parasites, au lieu de disparaître, se sont multipliés, si bien qu'ils nous dévorent en ce moment *cent millions de plus* que sous l'Empire.

Le parasitisme ne leur déplaît que lorsqu'ils ne sont pas eux-mêmes parasites.

Ils s'en allaient déblatérant contre la corruption impériale. Le monde officiel était gangrené. Députés et sénateurs appartenaient au plus offrant. Et, depuis quelques années, nous n'entendons parler que de pots-de-vin, aux abords de la Chambre; et il est rare que, dans l'intervalle des sessions, quelques-uns de nos mandataires ne soient pas traînés en police correctionnelle et flétris par la justice.

Je ne m'étonne plus, vraiment, que ces Bilboquets du parlementarisme voulussent absolument épurer la magistrature !

Eh bien, ces magistrats que le ministère Ferry a triés sur le volet ne peuvent s'empêcher de frapper les misérables qui leur tombent sous la main, quelque désir qu'ils aient de se montrer indulgents.

On à souvent parlé des écuries d'Augias et des efforts que fit Hercule pour les nettoyer.

Electeurs, vous aurez à accomplir, en 1885, une besogne du même genre.

Préparez-vous, dès aujourd'hui, à cette œuvre d'assainissement.

N'oubliez pas que Ferry prend toutes ses mesures pour vous imposer de nouveau la majorité à tout faire, qui lui a permis de mettre nos finances à sec, de désorganiser notre armée, de lancer le pays dans de folles expéditions, de compromettre nos intérêts agricoles et commerciaux, en signant avec les puissances étrangères les traités que l'on sait, et de multiplier les emplois dans des proportions absolument scandaleuses.

On vous a dit assez souvent que vous êtes le peuple souverain, pour que vous fassiez acte de souveraineté, en mettant à la porte ceux qui ont abusé de votre confiance.

Vous devez d'autant moins les ménager, qu'ils vous accusent d'être vous-mêmes la cause de vos malheurs.

Le ministre de l'instruction publique, l'apoplectique Fallières, parlant au Comice agricole de Nérac, n'a-t-il pas osé soutenir que la crise que nous traversons est due à l'*indolence et à l'ignorance des paysans?*

A la bonne heure !

Pour mettre fin à leurs souffrances, il suffira aux cultivateurs de consulter l'avocat Fallières.

Il leur enseignera le moyen de récolter du blé en semant de l'avoine, ét de vendre au poids do l'or les carottes que leur tire le ministère Ferry.

XII

Voyons, en attendant, ce que les républicains ont fait de nos finances.

La République des conservateurs, celle que M. Thiers appelait la République sans les républicains, a duré jusqu'au Seize-Mai. C'est en 1877 que la République *pour de vrai* réussit à la supplanter.

Tout n'allait pas sur des roulettes au temps où régnait le petit bourgeois, et la présidence du Maréchal prêta, sur plus d'un point, le flanc à la critique.

La perfection n'est pas de ce monde.

La situation, néanmoins, paraissait supportable.

L'agriculture se plaignait bien un peu, mais, en somme, elle prenait patience, en voyant que la Chambre et le Sénat, secondés par le gouvernement, administraient les finances du pays avec une incontestable sagesse.

La masse de la population, que les hommes du Quatre-Septembre avaient d'abord effrayée, se faisait à l'idée de vivre en République.

Les terribles événements de 93 étaient oubliés, et l'on ne parlait plus que pour mémoire des folles équipées de 1848.

Aux yeux de beaucoup de gens calmes et réfléchis, il devenait possible d'acclimater parmi nous les institutions républicaines.

Il suffisait aux partisans du nouveau régime de faire acte de sagesse pour rendre une restauration monarchique à peu près impossible.

Les vœux du paysan se bornaient à ceci : Travailler en paix, vivre en travaillant, et avoir tout à la fois la liberté et la possibilité d'élever convenablement sa famille.

Le commerce et l'industrie n'étaient pas plus exigeants.

Leurs *desiderata* pouvaient se résumer en deux mots :

Paix au dedans et au dehors, traités de commerce permettant de lutter à armes égales avec l'étranger, économie dans la gestion de nos finances.

L'ouvrier lui-même, — je parle de l'ouvrier qui a une famille et qui travaille, de l'ouvrier qui entend vivre d'autre chose que de politique et de *tord-boyau,* — l'ouvrier lui-même semblait satisfait.

Il espérait, d'ailleurs, que sa situation irait en s'améliorant, grâce à la tendance que manifestaient les patrons d'assurer son avenir et celui de sa famille, en le faisant participer aux bénéfices de leur industrie, en organisant des écoles gratuites pour ses enfants, et en lui assurant des ressources en cas de maladie.

Le clergé séculier et le clergé régulier n'avaient plus de répugnance, à part quelques exceptions, pour une forme de gouvernement qui leur laissait une liberté suffisante.

Depuis la chute de l'ancien régime, le prêtre sort des rangs du peuple. Fils de cultivateur ou d'ouvrier, il ne peut pas être hostile aux institutions démocratiques, parce qu'elles sont démocratiques.

Les politiciens du Parlement qui cherchent à ameuter les foules contre les membres du clergé n'ont pas la même origine que ceux qu'ils persécutent.

Bourgeois et fils de bourgeois, ils sont, la plupart du moins, les héritiers de ces voltairiens haineux et rapaces qui s'enrichirent aux dépens de l'Eglise et de la noblesse.

Ils ne se bornent pas à détester le prêtre; ils méprisent l'ouvrier.

Ils le méprisent d'autant plus, qu'il a mis plus de zèle à assurer leur élection.

Non contents de le mépriser, ils vont, le cas échéant, jusqu'à déshonorer son foyer, comme si l'honneur de l'ouvrier, de sa femme et de ses enfants n'avait pas le même prix que l'honneur du bourgeois.

Aux époques de trouble, ils font appel à toutes les mauvaises passions.

Les faméliques, les envieux, les déclassés, les tarés, les ratés accourent à leur voix, les prônent, les acclament, et réussissent souvent à les faire accepter par le peuple laborieux et honnête des villes et des campagnes, qui leur confie naïvement le soin de ses intérêts.

Mais le peuple ne tarde pas à les connaître et à les repousser, le cœur plein de dégoût; il a appris que les plus autorisés d'entre eux parlent de l'INDOLENCE ET DE L'IGNORANCE DU PAYSAN, avec le pédantisme qui caractérise l'avocat libre-penseur.

Il est facile de comprendre que ces grands hommes de chef-lieu, qui savent que le clergé les apprécie à leur juste valeur, et peut les démasquer, s'il le juge à propos, s'acharnent à discréditer le prêtre dans l'esprit des populations.

C'est pour cela qu'après le fameux discours de Romans, ils se sont levés comme un seul... gredin, et ont répété à tout propos le cri de guerre dont Gambetta s'était fait l'éditeur : *Le cléricalisme, voilà l'ennemi !*

Séduits par leur bagou intarissable, les électeurs les envoyèrent au Palais-Bourbon, supposant que des hommes qui parlaient si bien ne pouvaient pas mal gérer nos affaires.

Gambetta les eut vite jaugés.

Il comprit que rien n'était possible avec des gens dont l'insuffisance et la suffisance défiaient toute comparaison.

Il essaya, néanmoins, d'en tirer parti, mais il échoua piteusement, et ce fut dans un moment de mauvaise humeur, causée par son échec, qu'il traita de *sous-vétérinaires* les nullités malfaisantes et tapageuses de ce Parlement d'eunuques.

Les *sous-vétérinaires*, une fois maîtres du pays, refusèrent d'obéir à l'impulsion de celui qui avait fait leur fortune.

Le budget fut pour eux un champ d'expériences où l'on vit, chaque année, ces financiers d'aventure gaspiller impudemment l'argent des contribuables.

Supposaient-ils que rien ne mettrait un terme à leurs dilapidations ? Je l'ignore.

Ce que je sais, c'est qu'ils commencent à soupçonner qu'un danger les menace, danger d'autant plus redoutable, qu'il prend sa source dans l'indignation populaire, dont les sourds grondements arrivent jusqu'à eux.

Leur devoir était de travailler à l'apaisement des passions.

Ils ont tout fait pour les irriter.

Les intérêts du patron et ceux de l'ouvrier sont des intérêts connexes. On ne peut compromettre les uns sans compromettre les autres.

Au lieu d'inculquer cette vérité au travailleur, qui l'eût facilement comprise, ils l'ont prévenu contre le patron, et le patron a fini par regarder l'ouvrier comme l'irréconciliable ennemi de celui qui l'emploie.

Les grèves se sont multipliées.

Cette haine stupide du travail contre le capital a eu pour conséquence inévitable l'élévation des salaires et des prix de revient.

De là notre infériorité vis-à-vis de l'étranger, qui produit et vend à meilleur marché que nous.

La Chambre pouvait encore sauver la situation, en frappant les articles anglais, belges, allemands, italiens, etc., de droits compensateurs.

Les Députés de la droite en ont fait plusieurs fois la proposition.

Mais la majorité n'a rien voulu entendre.

Le libre-échange, pour les adorateurs de manitous dont elle se compose, est l'arche sainte à laquelle il ne faut pas toucher.

Une crise était fatale.

Elle vient d'éclater avec le caractère menaçant qu'ont les crises de ce genre.

L'agriculture a été frappée d'abord ; l'industrie et le commerce l'ont été ensuite.

A la crise agricole, industrielle et commerciale s'ajoutera, tout le fait présumer, la crise financière ; cette crise aura des résultats d'autant plus désastreux, que notre situation budgétaire est moins rassurante.

Il s'agit, pour les républicains actuellement au pouvoir, d'aviser promptement.

Un peuple affamé n'a pas le temps d'attendre.

Le moment est venu de prouver aux électeurs qu'on ne les a point trompés en leur disant que la république est un remède à tous les maux.

A l'œuvre les empiriques du centre gauche, de la gauche, de l'Union républicaine, de la gauche radicale et de l'extrême-gauche! A l'œuvre !

Montrez-nous vos formules, que nous sachions enfin ce qu'elles valent.

L'industrie chôme ; l'ouvrier, le teint hâve et les yeux hagards, vous tend une main amaigrie ; le commerçant ne vit plus que d'expédients, et le cultivateur se demande si vous continuerez à le pressurer comme jamais on ne le pressura au temps de la dîme et de la corvée.

Rappelez-vous, nos maîtres, que, grâce à vous, les contribuables ont à payer CINQ MILLIARDS D'IMPOTS, dont TROIS MILLIARDS 832 MILLIONS 467 MILLE FRANCS à ce Minotaure qu'on appelle l'Etat.

Cela nous paraît d'autant plus lourd, austères citoyens, que nous ne recevons pas, comme vous, 9.000 francs d'indemnité.

Je ne parle, ni des cartes de circulation que vous avez subtilisées aux Compagnies de chemins de fer, ni des jetons de présence que vous trouvez moyen de vous faire allouer par les Sociétés financières en quête de gogos.

<h2 style="text-align:center">XIII</h2>

Les rivalités ont disparu.

Municipalités radicales et ministres opportunistes font taire leurs passions et cherchent à s'entendre.

A quelle panacée auront-ils recours pour mettre fin à la crise ?

Jamais avortement ne fut comparable à celui-là.

Ferry et ses sous-ordre n'ont rien trouvé de mieux que d'envoyer les ouvriers aux bureaux de bienfaisance, et de réorganiser les ateliers nationaux, de burlesque mémoire.

Gambetta disait un jour à ses électeurs de Belleville : « Il n'y a pas de question sociale. »

Si le dictateur en baudruche vivait encore, il verrait qu'il y en a une.

Les intransigeants, au contraire, affirment qu'elle existe ; mais ils prétendent, à la suite de leur chef, qu'on peut la résoudre en cinq minutes.

Qu'ils la résolvent donc, fût-ce en vingt-quatre heures.

XIV

En 1876, quand l'Assemblée nationale se sépara, notre situation financière laissait peu de chose à désirer.

Nous avions, chaque année, des excédents considérables.

Les dépenses atteignaient *deux milliards cinq cents millions.*

Ce chiffre énorme, qu'expliquaient nos désastres de 1870, allait diminuer avec la paix.

Ajoutons que le gouvernement soldait, au moyen du *budget ordinaire* des travaux publics, plus de 124 millions de travaux *extraordinaires.*

Enfin, nous consacrions, chaque année, 150 *millions* à l'amortissement de la dette. Conclusion : l'avenir était rassurant.

XV

En 1885, l'*Etat seul* prélève pour près de QUATRE MILLIARDS d'im pôts, ce qui ne l'empêche pas de réduire l'amortissement à 100 *millions,* et à 35 *millions* le chiffre des travaux extraordinaires.

Le déficit, sur l'ensemble des *budgets ordinaires* de 1876 à 1884, est de 830 *millions !*

Savez-vous à combien s'élèvent les emprunts que l'on a contractés pendant cette courte période ?

A plus de TROIS MILLIARDS !

Nos gouvernants ont, en outre, dévoré DEUX MILLIARDS représentés par la dette flottante.

Ils n'ont pas voulu rester en dessous des Allemands, qui nous réclamèrent *cinq milliards* d'indemnité. L'invasion opportuniste nous a coûté aussi cher que l'invasion prussienne.

Ainsi, avec un budget de plus de TROIS MILLIARDS ET DEMI pour l'Etat seulement, nous sommes régulièrement en déficit !

Les droites de la Chambre ont essayé de jeter un peu de lumière dans ce chaos.

« A côté de ce gaspillage, et le facilitant, disent-elles dans une
« pièce que la plupart des journaux ont reproduite, nous consta-
« tons l'oubli et l'abandon systématiques des saines traditions
« financières, la violation ouverte des textes de loi les plus for-

« mels. Nos budgets ne sont plus sincères ; notre comptabilité, si
« claire autrefois, et retraçant si nettement la réalité des faits,
« obscurcie à dessein, ne sert plus qu'à dissimuler les dangers
« d'une situation qui finira cependant par éclater à tous les
« yeux. »

Le gouvernement fait ce que font les négociants qui s'ache-
minent vers la banqueroute : il embrouille ses écritures, afin de
dérouter les intéressés.

Nous lisons, quelques lignes plus loin, dans le même docu-
ment :

« On effectue des recettes sans titre légal, et des dépenses sans
« crédit. Le ministre des finances, pour équilibrer son budget, a
« recours à tous les expédients ; la formation de ce budget n'est
« même plus qu'une formalité vaine. Les recettes du budget ordi-
« naire sont grossies par des prélèvements sur les exercices anté-
« rieurs, qui ne sont que des emprunts mal déguisés ; on impute
« sur le budget extraordinaire, sans se soucier de leur nature,
« toutes les dépenses qui pourraient troubler l'équilibre fictif
« du budget ordinaire ; on laisse en blanc, dans la colonne des
« additions, le chiffre de certains crédits prévus, qui aurait grossi
« les totaux de dépense d'une manière gênante ; et quand, plus
« tard, il faut régler ces comptes, on n'hésite pas à *inscrire dans*
« *les comptes de l'exercice* 1879 *des recettes opérées en* 1882. »

Ici, je me permets de demander à M. Tirard, qui faisait autrefois le commerce de la bijouterie en faux, en attendant qu'il fît
celui de la mauvaise politique, si un commerçant qui s'aviserait de
barboter dans ses écritures, comme le font les ministres dans le
budget de l'Etat, ne s'exposerait pas à aller passer huit ou dix
ans de villégiature à l'ancienne abbaye de Clairvaux ?

Je comprends, après cela, que la *Gazette de France* s'écrie :

« Le gaspillage, la dilapidation, le banditisme se sont introduits
« dans l'administration des finances de l'Etat.

« L'exposé de la situation financière rédigé par les Députés de
« la Droite ne laisse aucun doute à ce sujet. »

Espérons que le jour où les coquins qui nous gouvernent tom-
beront du pouvoir, l'expiation ne se fera pas attendre.

XVI

Quelques-uns de mes lecteurs supposeront, peut-être, que je
fais de la situation actuelle une peinture exagérée. Ils ajouteront

que je calomnie les républicains en haine de la République, et il y aura des gens assez naïfs pour croire qu'il en est ainsi.

Je connais ce raisonnement depuis longtemps déjà. C'est le raisonnement de ceux qui, n'ayant rien à dire, tiennent pourtant à raisonner.

Le parti républicain se compose, aux trois quarts, de braves gens, qui crient : *Vive la République!* sans savoir pourquoi.

On leur a dit, et ils l'ont cru avec cette simplicité naïve qui caractérise la foi du charbonnier, on leur a dit que la République est le gouvernement du peuple par le peuple, le plus ménager, par conséquent, des deniers de l'Etat.

On leur a répété sur tous les tons qu'un pouvoir populaire ne peut manquer de veiller attentivement aux intérêts de l'agriculture et au bien-être de l'ouvrier.

Eh bien, orateurs de clubs, candidats officieux et journalistes domestiqués les ont trompés de la façon la plus odieuse en leur tenant ce langage.

Les faiseurs de boniments républicains avouent eux-mêmes, sous la pression des faits, qu'ils ont menti comme plusieurs douzaines de dentistes.

M. Germain, le directeur du Crédit Lyonnais, et député opportuniste par-dessus le marché, disait naguère à ses électeurs de Trévoux :

« Ce n'est pas seulement le commerce et l'industrie qui souffrent,
« c'est aussi l'agriculture, et nous pouvons chaque mois, chaque
« semaine, en constater le ralentissement par la diminution du
« trafic des chemins de fer, et par l'affaiblissement du rendement
« des impôts indirects. »

Puis, il ajoutait :

« Il faut, avant tout, que le gouvernement cesse au plus tôt de
« renchérir, en temps de paix, par des *emprunts annuels d'un*
« *DEMI-MILLIARD*, le prix des capitaux qui vous sont néces-
« saires pour l'amélioration de vos cultures, en même temps que
« pour relever l'industrie. »

Afin que l'on ne pût pas supposer que ces accusations, dirigées contre le gouvernement actuel et contre les députés qui laissent le gouvernement dilapider nos ressources, lui avaient échappé dans le feu de l'improvisation, M. Germain s'écriait :

« Si nous additionnons ce que nous coûteront, dans une seule
« année, du 1er janvier au 31 décembre 1884, Tunis, Madagascar
« et notre expédition dans l'extrême Orient, nous trouverons un
« total qui dépasse 100 *millions*. Quel budget pourrait résister

« aux frais d'aussi nombreuses entreprises, engagées sur tant de
« points à la fois ? »

Les parasites, les braillards et les thuriféraires ingénus du
Palais-Bourbon trouveront probablement que M. Germain est un
ami dangereux. La vieille barbe qui représente la 1re circonscription de la Drôme le bénira du haut de son trépied, mais aussi
discrètement que possible, car le citoyen Madier, il faut que ses
électeurs le sachent, est une espèce de fou conscient qui foudroie
l'opportunisme et prie secrètement le... diable de le lui conserver,
l'opportunisme lui faisant des rentes et une vieillesse dorée qu'il
ne trouve pas antidémocratiques, en dépit de son radicalisme
de... contrebande. Plessier et Truelle, les deux frères Siamois de
la navette et de l'encensoir, se voileront pudiquement la face, à la
vue du transfuge, tandis que les ruminants du centre pousseront
des bêlements de tendresse, en pensant aux gras pâturages du
budget républicain.

Le *Cri du Peuple*, un journal qui n'est pas monarchiste, s'ex-
primait ainsi, dans son numéro du 2 octobre :

« La question lyonnaise attend toujours une solution ; 30.000
« ouvriers, condamnés au chômage et à la détresse qui en résulte,
« réclament en vain du travail. . . . .

« Les estomacs sont vides. Et ce n'est pas seulement à Lyon
« que la terrible question se dresse. A Paris, le chômage menace
« de prendre de très grandes proportions dans la plupart des
« industries. L'hiver prochain, un nombre considérable d'ou-
« vriers (!!) se trouveront sans ouvrage, c'est-à-dire sans pain.
« Que fera-t-on ? . . . .

« Ce que le peuple affamé doit obtenir, ce qu'il attend, c'est la
« *restitution*, et ce n'est pas par une aumône de quatre millions
« qu'on se débarrassera de lui. »

Le *Paris*, — on sait que ses rédacteurs se sont donné pour
fétiche, à défaut d'autre dieu, les côtelettes de Ferry, — constate
la misère qui sévit dans les bas-fonds de la population parisienne,
et fait un tableau peu rassurant des crimes dont les rues de la
Ville-Lumière, cœur et cerveau de la France, comme dit Victor
Hugo, sont chaque jour le théâtre :

« Il devient de plus en plus impossible, dit-il, de se hasarder
« dans certaines rues, non pas seulement quand le jour tombe,
« mais même en plein soleil, après midi.

« Une femme qui commettrait l'imprudence de les traverser
« sans escorte, se verrait arracher au passage ses bijoux et ses

« boucles d'oreilles, bien heureuse si, ce tribut prélevé, on lui
« permettait de fuir sans autre dommage. . . . .

« Il faut en finir ! Que la Préfecture ne se lasse pas. Qu'elle
« arrête, qu'elle arrête encore tous ceux qui ne peuvent montrer,
« hommes ou femmes, d'autres preuves de leurs travaux ordi-
« dinaires que les souillures de leur corps. »

La *Paix,* organe de l'Elysée, écrivait à son tour, au moment de
la rentrée des Chambres :

« Ni nouveaux impôts, ni nouvelles dépenses. C'est à faire res-
« pecter cette règle que devront surtout s'employer les hommes
« qui prendront part à la discussion du budget. »

M. J.-J. Weiss, un des grands politiques dont Gambetta s'était
entouré, lors de son arrivée au ministère, discute et tranche
ainsi la question agricole : « Pas plus tard qu'hier, sur le boule-
« vard Haussmann, je marchande une pomme qu'on m'aurait
« bien vendue trois centimes à Marseille en 1836 ; on me la fait
« aujourd'hui quatre-vingts centimes à Paris. J'incline donc à
« supposer que les prix sont rémunérateurs, au moins pour les
« pommes. »

Désormais, les cultivateurs ne devront plus se tourmenter sur
leur triste situation.

Comment ! Voilà un marchand-fruitier qui vend une pomme
80 centimes à M. J.-J. Weiss, et vous prétendez que l'agriculture
est dans le marasme ! Et vous répétez à tout propos que les
denrées sont à vil prix !

Je pourrais passer en revue tous les organes de la presse républicaine, et démontrer, par les aveux qu'ils laissent échapper
depuis quelques mois, que la majorité parlementaire a ruiné la
France au profit de l'étranger. Mais je ne veux point abuser de la
patience de mes lecteurs.

J.-J. Weiss s'inscrit en faux contre les plaintes des paysans.

Il ne comprend pas que l'agriculture puisse crier misère, lui
qui a payé 80 centimes le plaisir de manger une pomme.

Je soupçonne fort nos députés de raisonner comme le fait ce
pauvre Jean-Jacques, qui devrait avoir assez de logique dans la
tête, en sa qualité d'ancien normalien, pour savoir que l'on ne
conclut pas du particulier au général.

Les gens de la majorité opportuniste, plus avisés que Jean-
Jacques, évitent de s'emballer pour une pomme ; mais ils pensent,
non sans raison, que le mandat de député offrant à ceux qui en
sont revêtus toutes sortes de petits avantages, ils auraient grand
tort de se le laisser prendre.

Pénétrés de cette pensée, qui fût venue à M. de La Palisse, ceux d'entre eux qui ont jusqu'ici préconisé le libre-échange brûlent sans sourciller ce qu'ils adoraient naguère.

Ils parlent sérieusement d'établir sur les produits étrangers des droits compensateurs.

Les élections générales devant avoir lieu dans quelques mois, il faut, si faire se peut, calmer l'irritation du corps électoral, qui commence à voir que ses mandataires l'ont berné.

Le moment venu, nous entendrons de nouveau ces audacieux discoureurs nous parler de leur dévouement aux intérêts du pays, qu'ils n'ont cessé de méconnaître.

Ils pousseront l'impudence jusqu'à nous dire qu'ils ont surveillé avec un soin jaloux l'emploi des deniers publics ; et comme on leur objectera l'augmentation des impôts, les emprunts qu'ils ont contractés, les milliards qu'ils ont gaspillés, et l'état pitoyable où ils ont réduit l'agriculture, le commerce et l'industrie, ils se contenteront de répondre que les cléricaux sont la cause de tout cela.

Ce refrain leur ayant été de quelque utilité en 1881, ils nous le serviront une seconde fois en 1885.

A nous de leur prouver que nous ne sommes point aussi bêtes qu'ils le supposent, en les priant d'aller digérer partout ailleurs qu'au Palais-Bourbon les pots-de-vin dont ils n'ont cessé de s'abreuver, depuis 1877, aux dépens des contribuables.

*
* *

Le 16 octobre dernier, Ferry et Tirard se rendirent à la Commission du budget. Celle-ci demandait au ministère une réduction de dépenses.

L'ex-bijoutier en similor et le Vosgien, son chef de file, répondirent, sans broncher, que cela était impossible.

Il faut cependant, insistèrent MM. Ribot et Wilson, que nous mettions en équilibre nos recettes et nos dépenses.

Les deux ministres proposèrent alors de faire figurer aux recettes des sommes qui n'existent que sur le papier.

La Commission trouva cette manière de procéder absolument... irrégulière.

Bref, on insinua qu'il faudrait recourir, soit à l'emprunt, soit à de nouveaux impôts.

Ferry ne se récria point.

Ils sait aussi bien, sinon mieux, que MM. Wilson et Ribot que nous pataugeons dans un gâchis financier sans précédent, et que, tôt ou tard, il faudra faire appel au crédit public ou imposer de nouvelles charges au contribuable.

Mais il faut éviter d'en parler maintenant.

« *Pour* 1886, a-t-il dit, *nous n'échapperons pas à de nouveaux* « *impôts.* Si nous n'en proposons pas cette année, vous savez bien « que C'EST PARCE QUE NOUS ENTRONS DANS UNE « PÉRIODE D'ÉLECTIONS. »

Le jour où le cynisme sera exilé du reste de la terre, il se réfugiera dans le cœur de cet homme.

Electeurs, vous voilà prévenus.

Si l'on attend 1886 pour achever votre ruine, c'est qu'en 1885, la majorité actuelle, cette majorité servile qui obéit à la voix de Ferry comme le chien obéit à la voix de son maître, va se présenter une troisième fois à vos suffrages.

Elle n'attend, pour vous dépouiller de votre dernier sou, que le renouvellement de son mandat.

I. BERTRAND,
ancien imprimeur-éditeur.

P.-S. — J'ai dit, dans les pages qui précèdent, que le ministère Ferry se propose d'emprunter un milliard.

Comment concilier cette affirmation avec celle du Vosgien déclarant à la Commission du budget qu'il ne faut songer, à la veille des élections, ni à de nouveaux emprunts, ni à de nouveaux impôts ?

Rien n'est plus facile. Son Imposture Ferry 1er aura recours à des expédients de trésorerie, pendant les premiers mois de 1885. La Chambre sera dissoute en février ou en mars. En mai, on convoquera les électeurs, qui voteront à nouveau, si Dieu ne les éclaire, pour la majorité chère à Ferry. Un emprunt sera contracté dans le mois qui suivra la convocation de ce singulier Parlement, et, en 1887 ou 1888, au plus tard, la France aura enfin la consolation de faire banqueroute !!!.

Avis aux électeurs qui ont encore un grain de bon sens.

DOIVENT PARAITRE SUCCESSIVEMENT :

1° RÉPUBLICAINS et OUVRIERS.

2° PROPHÉTIES D'UN PROPHÈTE qui a prophétisé sans être prophète ni fils de prophète.

3° CROCHETEURS, GASPILLEURS, VOLEURS et Cie.

4° LES SIMPLES D'ESPRIT.

5° LES INDIGNES. Aux urnes, citoyens !

Paris — Typ. L. Philipona, 51, rue de Lille — 1166

www.ingramcontent.com/pod-product-compliance
Lightning Source LLC
Chambersburg PA
CBHW051345050726
47595CB00006B/2409